AF419561

ISBN: 979-8-9952545-5-3 (Tapa dura)
ISBN: 979-8-9952545-2-2 (Tapa blanda)
ISBN: 979-8-9952545-3-9 (Electrónico)

Impreso por Laura Hill Kahn, en los Estados Unidos de América.

Primera edición, 2026.

historical.shadows1776@gmail.com

Para Elnor Dare, quien siempre capturó el corazón y la imaginación de su nieta.

¡Atención!—cambiemos nuestro lente histórico, ajustemos toda la perspectiva.

La narrativa de 1776 se siente selectiva.

¡<u>Huzzah</u>!—los Padres Fundadores se llevan toda la gloria.

¿Pero qué hay de los demás, escribiendo una historia menos conocida?

Llevémosla al sur, a Luisiana—donde Felicitas St. Maxent, la esposa del gobernador Bernardo de Gálvez, estaba forjando una nación.

Es la hora de darle a esta heroína una ovación.

THE UNITED STATES
LIBERTY
Native American Ally names in script
Native American in neural
Abigail Adams
Mercy Otis Warren
Abigail Adams
Mercy Otis Warren
Martha Washington
Deborah Sampson
Phillis Wheatley
Felicitas St. Maxent
Samuel Whittemore
Anna Maria Lane
Bernarde Fraunces
Joseph Plumb Martin
Phillis Wheatley
Catharine Macaulay
TOWN HALL LEDGERS
TOWN HALL LEDGERS

Desde su habitación en Florida, Camila, de 13 años, se preparaba para una presentación de historia de fin de año sobre la Revolución Americana. Al comenzar su investigación, encontró los mismos nombres y lugares de siempre: Boston, Massachusetts; George Washington; Yorktown, Virginia; Paul Revere y la bulliciosa ciudad colonial de Filadelfia, Pensilvania.

Camila no pudo evitar preguntarse: ¿habría héroes secretos—como mujeres u otras personas—ocultos en las sombras de la Revolución Americana? Además, como vivía en Florida, tenía la corazonada de que los españoles podrían haber ayudado a definir el resultado de la guerra.

YORKTOWN

Camila había aprendido sobre las primeras batallas de la Revolución Americana en Lexington y Concord, que tuvieron lugar en Massachusetts el 19 de abril de 1775. Recordaba que a los americanos se les dio el nombre de "minutemen" porque estaban entrenados para estar listos para la batalla con solo un minuto de aviso.

A Camila le pareció divertido que, a pesar de lo que retratan el famoso poema y las películas, Paul Revere nunca cabalgó por Massachusetts gritando: "¡Vienen los británicos!" Eso se debía a que Revere estaba en una misión de alto secreto y todavía se consideraba a sí mismo británico.

Después de pasar un tiempo revisando los resultados de búsqueda, Camila se sorprendió al saber que la Revolución también se libró en las colonias del sur —en lugares como Savannah, Georgia (septiembre de 1779), Charlestown, Carolina del Sur (marzo de 1780) y Guilford Courthouse, Carolina del Norte (marzo de 1781).

El cambio hacia las colonias del sur ocurrió porque los británicos no lograron aplastar la rebelión rápidamente en las colonias del norte y porque Francia entró oficialmente en la guerra en febrero de 1778. El Parlamento creía que conquistar el sur aseguraría valiosos recursos agrícolas, como el tabaco y el arroz, mientras aprovechaban a los colonos del sur que seguían siendo leales a Gran Bretaña.

Mientras Camila seguía leyendo, descubrió que su corazonada era correcta: España estuvo involucrada en la Revolución Americana. Todo comenzó el 3 de noviembre de 1762, cuando España tomó el control del territorio de Luisiana a través de un acuerdo oculto conocido como el Tratado de Fontainebleau. En aquel momento, Francia estaba perdiendo la Guerra de los Siete Años y sabía que los británicos vendrían a reclamar sus tierras. En lugar de permitir que sus mayores enemigos se apoderaran del enorme territorio de Luisiana, los franceses le entregaron silenciosamente las tierras a su <u>aliado</u>, España. Fue, básicamente, un gigantesco juego histórico de "que no lo atrapen".

Legend
British before 1763
British gains, 1763
Spanish gains, 1762
Lost by Spain & gained by Britain, 1763
Indian Reserve
Hudson Bay
Rupert's Land
Border Undefined
St. Lawrence River
Nova Scotia
Quebec
Sault Ste. Marie
Montreal
Quebec
Nov
Boston
To Quebec 1774
Detroit
New York
Philadelphia
Baltimore
Missouri
Mississippi River
Ohio River
Ohio
St. Louis
Louisiana
Thirteen Colonies
Atlan Ocea
Fe
Mississippi
Indian Reserve of 1763
Charleston
Savannah
Baton Rouge
St. Augustine
n Antonio
Pensacola
New Orleans
Gulf of Mexico
le

El territorio de Luisiana sirvió tanto de escudo gigante como de salvavidas vital para la causa americana. Al controlar Luisiana, España impidió que los británicos atacaran a los colonos desde el oeste. Como Nueva Orleans, Luisiana, se encontraba en la parte más baja del río Misisipi, funcionaba como una gigantesca autopista acuática. Los líderes españoles, como el gobernador Bernardo de Gálvez, utilizaron el Misisipi para enviar en secreto toneladas de armas, pólvora, medicinas y dinero hacia el norte para ayudar a abastecer al ejército americano.

PUERTO DE
UEVA ORLEANS
SUMINISTROS
GÁLVEZ
SUMINISTROS
REVOLUCIONAR

Camila también descubrió que, incluso cuando la guerra apenas comenzaba, el ejército americano ya se estaba quedando sin suministros. El segundo al mando de George Washington, el general Charles Henry Lee, envió a un virginiano llamado capitán George Gibson y a otros 16 colonos a recorrer unas 800 millas hasta Nueva Orleans en agosto de 1776, para pedirle a España armas, pólvora, mantas y medicinas.

España respondió rápidamente al llamado de auxilio, enviando 10,000 libras de pólvora para ayudar a los americanos. Para mantener la transacción oculta de los espías británicos, la mayor parte de este cargamento crítico fue transportado de contrabando con gran esfuerzo río arriba por el Misisipi y el Ohio hasta Fort Pitt, en lo que hoy es Pittsburgh, Pensilvania.

A medida que Camila profundizaba en la historia de Luisiana, se topó con una figura fascinante de la que nunca había oído hablar: Marie-Felicité Saint-Maxent, a menudo conocida simplemente como Felicitas o Felicitas de Gálvez. Felicitas era la viuda de Jean Baptiste d'Estrehan, un hombre prominente que había servido como Tesorero Real de Luisiana durante los primeros días de la colonia, cuando esta se encontraba bajo control francés.

Felicitas pertenecía a una familia adinerada y muy bien relacionada que ayudó a definir la política de Nueva Orleans. Tanto su padre como su hermano tenían una influencia política significativa, y su hermana mayor, Isabel, estaba casada con Luis de Unzaga, el cuarto gobernador de la Luisiana española.

Según los rumores, Bernardo de Gálvez se enamoró instantáneamente de Felicitas en el momento en que la vio. La pareja se casó el 2 de noviembre de 1777, apenas diez meses después de que Gálvez fuera nombrado el quinto gobernador de la Luisiana española — un cargo que precedió a su carrera militar.

Tras su matrimonio, la influencia social y política de Felicitas se expandió significativamente. Como esposa del gobernador, fue anfitriona de elegantes reuniones que resultaron cruciales para la diplomacia colonial. Además, su herencia le permitió actuar como un puente vital, conectando armoniosamente a la establecida comunidad criolla francesa de Nueva Orleans con el nuevo gobierno español.

El apoyo de España a los americanos se mantuvo en secreto hasta que España declaró la guerra oficialmente el 21 de junio de 1779. Las campañas militares de Gálvez incluyeron Fort Bute en Bayou Manchac, Luisiana, el 7 de septiembre de 1779; la batalla de Baton Rouge, Luisiana, el 21 de septiembre de 1779; Fort Panmure en Natchez, Misisipi, el 5 de octubre de 1779; la captura de Fort Charlotte en Mobile, Alabama, el 14 de marzo de 1780; y el sitio de Pensacola, Florida, el 8 de mayo de 1781. Estas batallas erosionaron gradualmente el control británico de la costa del Golfo y desviaron los menguantes recursos británicos de las batallas en las colonias del norte.

NEW ORLEANS:
The Crucial Command Hub of
the Gálvez Campaigns, 1779-1781
N
Louisiana
Mississippi River
Fort Panmure
Natchez
Texas (Béxar)
Baton Rouge
Fort Bute
Spanish base in New Orleans
Fort Charlotte
Mobile
Pensacola
Georgia
North Carol
South Carolin
East Florida
VITAL STRATEGIC LOGISTICS AND COMMAND CENTER
Gulf of Mexico
Fort George
LEGEND
Spanish
British
Rebellious Colonies
Forts
Mexico (Campeche)
Mexico (Campeche)
Cuba (Havana)
Cuba
Baham (New Provic

Después de la victoria española en Pensacola, Gálvez envió suministros adicionales como tiendas de campaña, uniformes y mantas. También entregó a sus aliados franceses medio millón de <u>reales</u> españoles, que estos utilizaron para reabastecer sus barcos. Estos barcos españoles formaron parte del <u>bloqueo</u> de Yorktown, Virginia, el cual condujo a la rendición británica el 19 de octubre de 1781.

Thomas Jefferson escribió una carta para agradecer a Gálvez por la ayuda de España el 8 de noviembre de 1779. Posteriormente, el Congreso de los Estados Unidos hizo una mención especial a Gálvez y al gobierno español por su auxilio durante la Revolución.

GULF OF MEXICO

Camila se asombró al pensar en cómo la historia suele ser mucho más profunda de lo que uno cree. Aprender sobre Felicitas y Bernardo de Gálvez resaltó cómo la Revolución Americana dependió de los españoles, los franceses y otros aliados que compartían el objetivo común de debilitar a su enemigo mutuo: los británicos.

Camila ahora comprendía que, sin los suministros secretos y el financiamiento de los españoles, las valientes batallas de Gálvez y otros, y la estabilidad en el frente interno junto a la diplomacia tras bambalinas de Felicitas, es posible que los americanos nunca hubieran alcanzado su libertad.

CARTE DE LA NOUV   ORLÉANS ET SES ENVIRONS
Lac Pontchar
NEW ORLEANS
1. Octobre de Jeunes
2. Fausebritto
3. Esdolisre
4. Cabildo
Mississipi Fl.
St Louis Cathedral
St Louis St Louis Cathedral
Bayou St Jean
Bayou
Mississipi Fl.
Quartier Français
Cabildo
Quartier Français

Mientras Gálvez se encontraba fuera luchando en los campos de batalla, Felicitas utilizó sus profundas conexiones locales para aliviar tensiones, convirtiéndose efectivamente en una diplomática extraoficial y en una asesora de confianza para su esposo en asuntos coloniales. Mientras evadía la detección británica, su perspectiva única resultó invaluable.

Sentada de nuevo ante un escritorio en la biblioteca donde realizaba su investigación, Camila se preguntó si ella habría podido ser tan valiente como Felicitas. Estaba segura de que, cuando llegara el momento de enfrentar sus propios desafíos, encontraría esa misma fuerza serena dentro de sí misma.

Felicitas no se desvaneció en el olvido tras el fin de los combates. Cuando Gálvez fue nombrado Virrey de la Nueva España (México) el 25 de mayo de 1785, Felicitas lo acompañó. Fue una mujer poderosa e inteligente que navegó por la política de alto nivel con elegancia.

Felicitas continuó moldeando el panorama del Imperio español hasta su muerte en España alrededor de 1800. Su extraordinario viaje desde Nueva Orleans hasta México consolidó su impacto como una mujer influyente de su época. Ella demostró que no hacía falta vestir un uniforme para cambiar el mundo; solo se necesitaba un corazón dispuesto y mucha valentía.

De repente, esto ya no era solo un proyecto de historia. Descubrir el pasado oculto de Felicitas reveló a una mujer feroz que fue una heroína secreta de la historia americana. A Camila la invadió una ola de orgullo al saber que la historia española estaba tan profundamente entretejida en la fundación de la nación. Si Felicitas pudo cambiar el mundo en aquel entonces, Camila podría construir un futuro aún mejor hoy. Con un renovado sentido de propósito, cerró su computadora portátil, lista para dejar su propia huella. Agarró su bolígrafo favorito y acercó un cuaderno nuevo. El pasado ya se había escrito, pero su historia apenas comenzaba.

FELICITAS GIL
(18th c. New Orleans)

Cronología

ABRIL DE 1775

Las batallas de Lexington y Concord, Massachusetts, dan inicio a la Revolución Americana.

AGOSTO DE 1776

El capitán George Gibson viaja a Nueva Orleans para pedir ayuda española encubierta

FEBRERO DE 1778

Francia entra oficialmente en la Revolución Americana

NOVEMBRE DE 1777

Felicitas St. Maxent se casa con Bernardo de Gálvez

JUNIO DE 1779

España entra oficialmente en la Revolución Americana

SEPTIEMBRE DE 1779—MAYO DE 1781

Las batallas de Gálvez incluyen Fort Bute, Baton Rouge, Natchez, Mobile y Pensacola

HACIA 1800

Felicitas de Gálvez fallece en España

OCTUBRE DE 1781

Rendición británica en Yorktown, Virginia

Glosario

<u>Aliado</u> (Aliar): unir o formar una conexión entre partes.

<u>Bloqueo</u>: el aislamiento de una zona enemiga (como un puerto) por parte de una nación en guerra, mediante tropas o barcos de guerra para impedir el paso de personas o suministros.

<u>Campaña</u>: una serie conectada de operaciones militares que forman una fase distinta de una guerra.

<u>Diplomacia</u>: el arte y la práctica de llevar a cabo negociaciones.

<u>Huzzah</u>: término utilizado para expresar aprobación o entusiasmo.

<u>Parlamento</u>: el órgano legislativo del gobierno de Gran Bretaña.

<u>Reales</u>: monedas de plata (y a veces de oro, como los escudos) que sirvieron como la moneda principal del Imperio español desde finales del siglo XV hasta mediados del XIX.

<u>Heroína</u>: una mujer considerada un héroe.

Lecturas adicionales para jóvenes lectores

- Evans, D. (2020). Bella's tales of history: America's secret friend: Bernardo de Gálvez (Los cuentos de historia de Bella: El amigo secreto de Estados Unidos: Bernardo de Gálvez). BookBaby.
- Fesser, G. (2017). Historical figures of the Hispanic world: Get to know Bernardo de Gálvez (Figuras históricas del mundo hispano: Conoce a Bernardo de Gálvez). Santillana USA–Loqueleo.
- Strassner, L. D., y Wiley, B. M. (2020). American independence: The Spanish secret (La independencia americana: El secreto español). CreateSpace Independent Publishing Platform.

Referencias

- Bunn, M. (2026). The Forgotten Story of the Gulf South During America's Revolutionary Era (La historia olvidada del sur del Golfo durante la era revolucionaria de Estados Unidos). NewSouth Books.
- Butler, E. F. (2014). Gálvez: Spain – our forgotten ally in the American Revolutionary War: A concise summary of Spain's assistance (Gálvez: España – nuestra aliada olvidada en la Guerra de Independencia de los Estados Unidos: Un resumen conciso de la asistencia de España). Southwest Historic Press.
- Garrigues, E. (2019). "I Alone": Bernardo de Gálvez's American Revolution ("Yo Solo": La Revolución Americana de Bernardo de Gálvez). Arte Publico Press.
- Caughey, J. W. (1934). Bernardo de Gálvez in Louisiana (Bernardo de Gálvez en Luisiana). University of California Press.
- Chávez, T. E. (2002). Spain and the independence of the United States: An intrinsic gift (España y la independencia de los Estados Unidos: Un regalo intrínseco). University of New Mexico Press.
- Coker, W. S., y Inglis, G. D. (1986). The Spanish censuses of Pensacola, 1784–1820: A genealogical guide (Los censos españoles de Pensacola, 1784–1820: Una guía genealógica). Perdido Bay Press.
- Churchill, C. R. (1925). Bernardo de Gálvez, services to the American Revolution (Bernardo de Gálvez, servicios a la Revolución Americana). Louisiana Society Sons of the American Revolution.
- Quintero Saravia, G. M. (2018). Bernardo de Gálvez: Spanish hero of the American Revolution (Bernardo de Gálvez: Héroe español de la Revolución Americana). The University of North Carolina Press.
- Spain Recaptures Florida. (2024). Americana Corner. *www.americanacorner.com*
- Van Hyning, T. E. (1996). Gálvez: An unsung patriot (Gálvez: Un patriota olvidado). Sons of the American Revolution Magazine.

Acerca de

Laura Hill Kahn (autora) es miembro de la Sociedad Nacional de las Hijas de la Revolución Americana (NSDAR). Stanley Kahn (editor) ama aprender y crear cosas nuevas.

Se utilizó inteligencia artificial para generar las imágenes finales del libro, con una gran intervención, creatividad y edición humana.

Para más información o para solicitar una copia del libro, envíe un correo electrónico a historical.shadows1776@gmail.com.